Créer un site Internet

avec WordPress

Ce livre est destiné à des fins d'informations uniquement. L'utilisation des instructions, opinions, produits ou services contenus dans ce livre ne garantit en rien la réussite de vos projets. Ces éléments reflètent les recherches et mises en pratique menées par l'auteur ainsi que des personnes tierces.

No Limits Inc. n'est pas responsable de la persistance ou de l'exactitude des URL des sites Internet externes ou tiers auxquels il est fait référence dans cette publication et ne garantit pas que le contenu de ces sites restera exact ou approprié.

Créer un site Internet avec WordPress

6 étapes pour construire un site Web professionnel en partant de zéro

Par No Limits Books

Sommaire

Avant de commencer : recevez votre cadeau exclusif

Merci d'avoir acheté ce livre. Pour commencer, permettez-moi de me présenter. Je m'appelle Anthony Gonnet Vandepoorte et je suis le dirigeant des filiales de No Limits Inc.

Cette société a pour but de propulser les résultats de ses clients et de les aider à réaliser leurs rêves, en mettant à profit la puissance d'Internet.

Aujourd'hui, en ayant acquis ce livre, vous avez déjà fait un grand pas. Alors permettez-moi de vous féliciter en vous offrant de quoi réaliser vos objectifs sans difficulté:

Le kit pour développer son empire

Rendez-vous sur : https://go.nolimits-inc.com/96

Introduction

1989. Il s'agit de la date officielle de la naissance d'Internet. Aujourd'hui, cela fait plus de 40 ans que cet outil rythme nos vies.

La création d'emplois, de nombreux loisirs, de relations et bien d'autres domaines sont autant d'éléments que nous devons à cette magnifique technologie.

Mais ce qui est peut-être son plus bel héritage, c'est la possibilité de créer soi-même un site Web qui nous offre la possibilité de partager et d'échanger avec le monde entier.

Que nous souhaitions créer un blog, un site e-commerce ou toute autre application, tout cela est en notre pouvoir. La seule limite est notre imagination. A moins qu'il en existe une autre ?

Sans formation adéquate, vous ne pouvez pas accéder à la liberté qu'offre Internet. Faut-il néanmoins abandonner tous vos projets, vous priver de partager vos passions ou encore de divertir les autres ?

Bien sûr que non ! Bienvenue dans *Créer un site Internet avec WordPress*, un livre dans lequel nous allons découvrir ensemble le meilleur moyen de créer votre propre site Internet, étape par étape, et cela quel que soit votre objectif.

Et je sais de quoi je parle, puisque j'ai collaboré en tant qu'ingénieur en sciences numériques avec des marques prestigieuses telles que Facebook, Amazon, Google et j'en passe. Ce sont toutes ces connaissances accumulées depuis 2008 que je vous offre aujourd'hui sur un plateau d'argent.

Alors si vous êtes motivé, attachez vos ceintures, nous démarrons dès maintenant !

ÉTAPE 1
Le début de votre odyssée

« *Un voyage de mille lieues commence toujours par un premier pas* » Lao-Tseu

Allez, c'est parti ! Vous avez déjà préparé votre paquetage et mis vos chaussures. Un long mais beau voyage vous attend à travers l'univers d'Internet.

Comment en ressortirez-vous ? Dans le pire des cas, grandi par toutes les connaissances que vous allez découvrir, et dans le meilleur des cas, à la fois grandi mais également riche. Car oui, c'est bel et bien la réalité, si vous en doutiez encore, Internet constitue une mine d'or moderne permettant à quiconque de créer des revenus de bien des manières : affiliation, vente de produits ou de services, création de contenus et bien d'autres encore. Commençons sans plus attendre.

La première étape

Pour créer un site Internet, vous avez besoin d'un « Big Bang », soit la base autour de laquelle vous pourrez développer tout votre univers.

Pour commencer, nous vous recommandons d'utiliser l'un de ces 3 outils afin d'acheter votre tout premier nom de domaine et d'héberger votre site :

➢ o2switch

➢ OVH

➢ Bluehost

Ce sont ce que nous appelons des **hébergeurs**. En d'autres termes, les données de votre site Web seront stockées sur leurs serveurs.

Les hébergeurs offrent d'autres avantages, tels que vous permettre l'obtention d'un certificat SSL (qui sécurisera votre site sous HTTPS), ou bien encore une aide personnalisée dans vos démarches de maintenance.

Prenez donc le temps de comparer les différentes offres proposées par ces plateformes et de sélectionner celle qui correspond le plus à vos besoins.

Ne vous en faites pas, **vous pourrez toujours changer d'offre facilement** au sein d'un même hébergeur. En revanche, il vaudrait mieux éviter de jongler entre différents hébergeurs. Veillez donc à faire le bon choix dès le début.

Pas de panique, changer d'hébergeur n'est pas impossible, mais cela ne vous causera que des problèmes, car vous devrez revoir l'ensemble de la programmation de votre site pour que celle-ci soit de nouveau fonctionnelle.

Une fois que vous aurez sélectionné un hébergeur et souscrit à l'une des offres proposées, vous devriez recevoir un mail dans lequel vous retrouverez les informations suivantes :

> <u>Vos identifiants FTP et Base de données :</u>

Avec le commerce électronique, il est nécessaire de télécharger tous vos produits sur votre site Web. Le FTP est à considérer comme étant le back-end de votre site Web.

C'est là que vous téléchargez vos produits pour les mettre en ligne sur votre site Web. Grâce à votre ID de base de données, vous pourrez télécharger vos produits depuis n'importe quel navigateur Web.

➤ Vos informations de connexion à votre site :

Elles vous permettront de vous connecter dessus en tant qu'administrateur.

➤ Le lien de l'URL vous permettant d'y accéder

Tous les éléments contenus dans ce mail seront donc à conserver très précieusement. Une fois cela fait, Quoiqu'il en soit, à présent il est grand temps que vous vous connectiez, le moment sera enfin venu de vous connecter sur votre site Internet.

Pour ce faire, cliquez sur le lien du site présent dans l'email transmis par votre hébergeur. Il s'apparente à ceci : lenomdevotresite.com/wp-admin.

Vous serez alors automatiquement redirigé sur la page suivante pour entrer vos identifiants de connexion d'administrateur (toujours présents dans l'email) :

Ensuite, il vous suffira de cliquer sur « Log In » et vous y voilà ! Vous venez de créer votre site Web. Je vous remercie d'avoir lu ce livre.

C'est bien évidemment une blague car, notre ou plutôt, votre odyssée ne fait que commencer. Je vous propose de commencer par faire un petit tour du propriétaire et découvrir votre nouvelle acquisition...

Présentation de l'interface

La première chose que vous aurez sous les yeux sera un tableau de bord WordPress. Il s'agit d'un logiciel vous permettant de façonner très facilement votre site Internet.

Ce n'est pas pour rien que 41% des 10 millions de sites les plus consultés au monde fonctionnent sous Wordpress d'après w3techs.com.

Vous l'aurez compris, les fonctionnalités de ce logiciel constituent **une véritable mine d'or,** pour autant qu'elles soient maîtrisées. Elles vous permettront de réaliser à peu près tout ce que vous imaginez :

➢ Un site e-commerce

- ➤ Un service communautaire

- ➤ Un blog

- ➤ Une bibliothèque de ressources

- ➤ Et bien d'autres

Voici à quoi ressemble le tableau de bord WordPress :

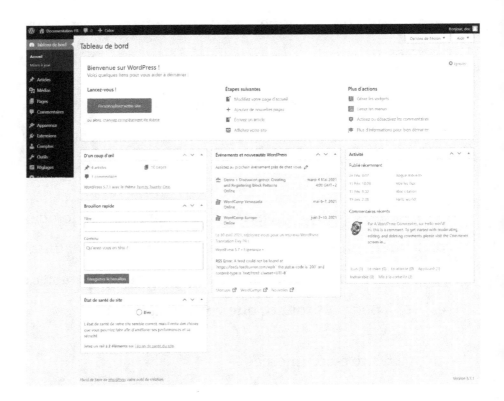

L'ensemble des éléments est facilement étiqueté. Voyons ensemble chacun d'entre eux :

1. Tableau de bord :

C'est l'espace de votre site qui vous donnera **une vue globale** de sa santé, de son évolution, ainsi que celle de son référencement dans les moteurs de recherche (nous verrons cela plus tard).

Pour présenter cette notion rapidement, tous les sites Web possèdent un score de référencement attribué par les différents moteurs de recherche selon des critères qui leur sont propres.

Plus votre score sera élevé, plus votre site Internet apparaîtra dans les premiers résultats lorsqu'une personne effectuera une recherche sur ces mêmes moteurs de recherche.

Ainsi, plus vous prenez soin du référencement naturel et du SEO de votre site, plus vous aurez de visiteurs !

Ces notions correspondent à l'ensemble de techniques ayant pour but de favoriser le classement de votre site Web à travers son indexation par les moteurs de recherche.

2. Articles :

Dans cet onglet se trouve tout l'environnement dédié à la création de contenu pour votre site. Il constitue **le point névralgique**, puisque chaque article que vous produirez ici vous offrira une chance supplémentaire de faire apparaître votre site dans les meilleurs résultats de recherche.

3. Médias :

Ils constituent l'immense bibliothèque de fichiers, d'images et de contenus reflétés sur votre site Internet qui viendront se loger ici. En quelques clics, vous pourrez y supprimer, recadrer et optimiser n'importe quelle image.

4. Pages :

Les pages sont les éléments que vous percevez en haut du site Internet et sur lesquels vous vous rendez lorsque vous souhaitez naviguer. Par exemple :

5. Commentaires :

Quand vous créez du contenu, il est très fréquent de devoir répondre à des interrogations de la part des clients ou tout simplement de voir des commentaires à propos de vos articles. C'est **la meilleure méthode pour vous faire une place dans la jungle d'Internet** et cet espace les regroupe.

6. Apparence :

Si vous souhaitez créer un site avec un design unique, c'est dans cette zone que vous allez pouvoir laisser libre cours à votre imagination !

7. Extensions :

Plus loin dans la formation, nous ajouterons des modules supplémentaires à votre site Internet. Ils lui conféreront de nouvelles fonctionnalités pour en tirer tout son potentiel.

8. Utilisateurs :

Cette interface vous permettra de créer des profils d'utilisateurs que vous pourrez ensuite gérer, mais aussi de leurs attribuer différents niveaux d'accréditation. Par exemple, différents rôles pour les membres de votre équipe ou encore, pour les abonnés de votre site.

9. Outils :

Si vous possédez déjà un site Internet et que vous souhaitez exporter le contenu de votre ancien site vers votre nouveau site, vous trouverez dans cette section tout ce dont vous avez besoin pour y parvenir.

Mais ce n'est pas tout ! Avec la récente loi sur la réglementation des données, vous pourrez aussi exporter les données des utilisateurs, et les supprimer facilement.

10. Réglages :

Cet espace vous permet de changer le nom de votre site Internet mais aussi son slogan !

Il vous sera aussi possible de modifier de nombreux réglages par défaut qui dupliquent le contenu de votre site Internet et nuisent par là même à votre référencement.

Comme nous venons de finir de passer en revue l'interface de WordPress, je souhaitais vous présenter un logiciel indispensable pour votre site Internet. Grâce à lui, celui-ci n'aura plus de secrets pour vous…

Configurer Google Analytics

Si nous devions comparer Google Analytics à quelque chose d'autre, nous pourrions dire que cet outil serait l'équivalent d'une correction extrêmement détaillée de votre dernier contrôle.

En effet, **cet outil vous permet d'obtenir, de suivre et d'analyser** les informations suivantes :

➢ Combien de trafic vous obtenez depuis les moteurs de recherche
➢ Quelles pages génèrent le plus de trafic organique

➢ Quel est le taux de rebond (c'est-à-dire le taux de personnes naviguant d'une page vers une autre) de vos différentes pages

➢ Quels sont les revenus que vous retirez du trafic obtenu grâce au SEO

Ainsi, vous pourrez retrouver absolument toutes les informations nécessaires pour développer votre référencement naturel ainsi que votre SEO de la meilleure des manières possibles.

Et ce n'est pas tout, car vous pouvez utiliser cet outil sur n'importe lequel de vos sites internet. Qu'ils soient configurés sur WordPress, Shopify ou n'importe quel autre logiciel de création de site Web puisqu'il se combine parfaitement à d'autres extensions du même genre telles que Yoast SEO !

Maintenant que nous vous avons présenté ces éléments fondamentaux, attaquons-nous aux premiers réglages pour rendre votre site pleinement fonctionnel.

ÉTAPE 2

Les premiers réglages

« La compétition, c'est la partie la plus facile. Tout le travail se fait dans les coulisses. » Usain Bolt

Une fois que vous aurez mis en ligne votre site Internet et que toutes les options disponibles n'auront plus de secret pour vous, le moment sera venu de mettre vos mains dans le cambouis.

En effet, il n'a pour le moment ni ergonomie ni contenu. En d'autres termes, vous disposez uniquement du squelette de votre site Web, et vous devrez donc commencer par grandement l'étoffer.

Rassurez-vous, cela n'a rien de très compliqué : au final, **un site Internet est un peu comme une belle voiture**. Il suffit de l'entretenir correctement pour réaliser des centaines et des centaines de kilomètres tout en prenant un plaisir immense à la conduire.

Vous n'aurez qu'à passer régulièrement un peu de temps dessus pour que votre site fonctionne correctement et sans encombre.

Pour ce faire, vous devrez apprendre le but de chacune des sous-catégories de la partie « Réglages ». Mais ne vous en faites pas, elles n'auront bientôt plus aucune secret pour vous.

Sans plus attendre, passons en revue le rôle de chacune de ces sous-parties.

Général

La toute première partie des paramètres WordPress est

aussi la plus basique. Cette section vous permet d'afficher et de modifier les informations de base concernant votre site.

Les deux premiers champs vous permettent de définir un titre ainsi qu'un slogan pour votre site. Il est impératif de les choisir soigneusement, car ils constituent littéralement de **l'identité de votre site**.

Toutefois, ne vous en faites pas, il sera toujours possible de les modifier plus tard. Vous trouverez ensuite deux URLs :

Titre du site	Labo WordPress Channel
Slogan	Un site utilisant WordPress
Adresse web de WordPress	http://protuts.net/labo
Adresse web du site (URL)	http://protuts.net/labo

La première représente votre adresse WordPress, soit l'emplacement de votre site, tandis que l'adresse du site représente l'URL utilisée par les visiteurs pour accéder à votre site.

Elles seront identiques dans quasiment toutes les circonstances. Mais vous pouvez toutefois décider de modifier l'une des URLs, voire les deux, dans des cas très particuliers.

L'adresse électronique de l'administrateur du site est le deuxième élément de la liste. Cette adresse est essentielle, car c'est là que sont envoyées toutes les informations clés concernant votre site.

Ensuite, vous verrez une option intitulée « Inscription » :

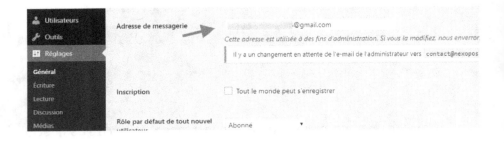

Si vous l'activez, toute personne se rendant sur votre site pourra créer un compte. Il est donc extrêmement facile de créer votre propre système d'adhésion selon vos goûts.

Cependant, si vous cochez cet élément, assurez-vous que le rôle par défaut pour tout nouvel utilisateur est également défini sur « Abonné ».

Cela permet de s'assurer que les nouveaux membres disposent uniquement du strict minimum en matière d'autorisation et de droits. Nous ne voudrions pas que n'importe qui puisse obtenir les droits d'administrateur de votre site !

Les options suivantes de la rubrique « Général » sont assez explicites. Vous pouvez par exemple définir la langue et le fuseau horaire par défaut selon vos goûts et votre audience cible (si vous vous adressez à un public asiatique par exemple).

Cela peut avoir une importance supplémentaire, car certaines extensions (une notion que vous découvrirez plus tard) peuvent fonctionner différemment selon le moment où commence la « semaine » de votre site.

Comme nous avons fini de faire le tour des options générales, plongeons-nous désormais dans les possibilités offertes par WordPress et passons à la prochaine partie.

Écriture

Comme son nom l'indique, le deuxième ensemble de paramètres de WordPress concerne la rédaction d'articles de blog. Les options disponibles ici sont limitées :

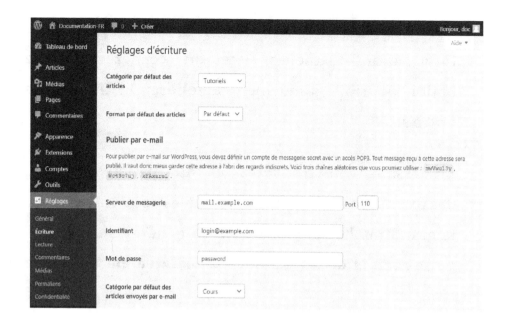

Si la majorité des articles que vous comptez écrire portent sur un seul sujet, je vous recommande de sélectionner une catégorie par défaut. Cela vous facilitera grandement la tâche dans l'écriture et dans le référencement naturel de vos articles.

La plupart des utilisateurs sont tenté de laisser le format de message par défaut sur standard, mais si vous disposez de beaucoup de matériel multimédia (photographies, vidéos, etc.) par rapport aux informations textuelles, noter que cochez une autre option pourrait grandement **améliorer la fluidité de votre site**.

En dessous, vous trouverez des informations sur l'une des fonctionnalités les moins connues de WordPress par le grand public : **la possibilité de générer des articles par e-mail et de les publier immédiatement sur votre site**.

Par exemple, si vous écrivez principalement de courts articles et que vous ne voulez pas avoir à ouvrir votre tableau de bord à chaque nouvelle publication, cette option peut fortement vous faciliter la tâche.

Maintenant que nous avons vu de plus près la partie concernant l'écriture, quoi de plus logique que de passer à la partie concernant la lecture ?

Lecture

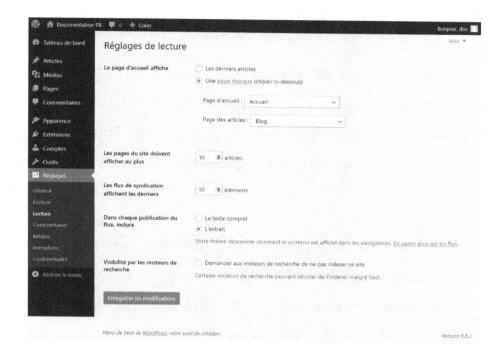

Cette section va de pair avec la précédente. Elle contient en effet les options permettant de définir l'apparence de vos publications pour les visiteurs.

Tout d'abord, je tiens à vous préciser que vous pouvez personnaliser votre page d'accueil. Par défaut, celle-ci est configurée pour afficher la liste des articles les plus récents de votre blog, ce qui est certes excellent pour les blogs et les sites d'informations WordPress.

Cependant, elle est moins adaptée aux entreprises, aux détaillants en ligne et à d'autres entités de ce type tel qu'un site de dropshipping par exemple. Pour ces cas particuliers, l'utilisation d'une page statique serait plus adaptée.

Cette option vous permettra de **choisir l'une des pages de votre site afin de la définir comme la nouvelle page d'accueil** (pour ce faire, vous devrez bien évidemment avoir créé au moins une page si, vous n'en avez pas encore).

En revanche, il sera important d'afficher la liste des articles de votre blog. Par conséquent, vous devrez créer une nouvelle page leur étant spécialement dédiée pour leur servir de "page d'accueil".

Ensuite, il est important de noter que vous pouvez contrôler le nombre d'entrées apparaissant sur la page de votre blog, c'est à dire le nombre d'articles affichés, mais également les différents flux RSS que vous aurez créés.

Pour définir cette notion de flux RSS, il s'agit d'un format de fichier présentant un contenu mis à jour automatiquement selon vos différentes actions.

Ici, nous parlons de flux RSS contenant vos différents articles afin de **les mettre en avant sur diverses sections de votre site**.

Pour illustrer ce point, voici l'un des flux RSS du site No Limits :

Vous remarquerez qu'il contient à la fois un carrousel d'articles (un dispositif qui permet à l'internaute de faire défiler du contenu simplement en cliquant sur des flèches) et des présentations d'articles sur le côté droit.

L'avantage des flux RSS réside donc dans **le nombre élevé de liberté qu'ils nous accordent**. Il nous permet de définir, par exemple, le nombre d'articles affichés par page (qui peut être aussi élevé ou faible que nous le souhaitons).

En plus de cela, il vous est également possible de choisir si l'introduction complète de chaque article doit apparaître dans vos flux ou simplement un synopsis comme sur l'image ci-dessus. **Cela déterminera la façon dont vos abonnés percevront les flux RSS de vos contenus et vous permettra de personnaliser votre site**.

Plus loin dans les options, vous verrez la case « Search Engine Visibility ». Veillez à ne surtout jamais la cocher.

Si celle-ci est cochée, votre site ne sera pas pris en compte par les moteurs de recherche (Google, Bing, etc). Il n'apparaîtra plus dans les résultats de recherche car il ne sera tout simplement plus référencé.

Cette option ne devrait donc pas être cochée dans 99 % des cas. Après tout, les moteurs de recherche peuvent générer une quantité importante de trafic vers votre site Web et contribuent directement à sa réussite.

En revanche, si votre site a été conçu uniquement pour un usage privé ou encore, si vous êtes en train de réaliser une grande maintenance sur celui-ci, utiliser cette option pourra se révéler bénéfique.

Dans tous les cas, que votre site soit ou non privé, il arrivera un moment ou d'autres personnes auront des interactions avec ce dernier. Voyons cela ensemble dans la prochaine partie.

Discussion

Cette partie des paramètres de WordPress est consacrée aux commentaires de votre site :

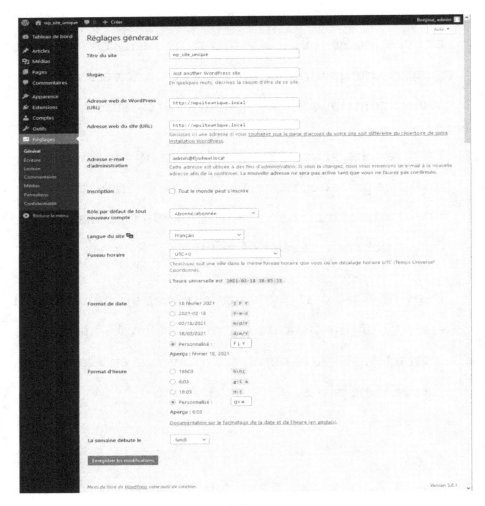

Nous n'allons pas traiter de toutes les options, car certaines sont assez explicites et ne nécessitent aucun développement de notre part. Commençons donc par traiter la deuxième option qui consiste à autoriser les alertes pour tout lien provenant d'autres blogs (pingbacks et trackbacks) sur les nouveaux articles.

Ne vous en faites pas, je vous explique tout cela en détail : cette option vous sera utile si quelqu'un crée un lien renvoyant à votre travail. En d'autres termes, un « pingback » vous signale par une notification lorsqu'une personne poste l'une de vos URLs sur son propre site.

Le « trackback », quant à lui, est un moyen permettant à d'autres auteurs de vous informer lorsqu'ils ont publié quelque chose en rapport avec votre travail sans inclure de lien direct.

Cette option vous permettra, par exemple, d'éviter que votre site soit associé à des sites Internet tiers sans votre consentement, mais également de pouvoir proposer des partenariats efficaces avec d'autres sites.

En effet, si quelqu'un possède un site dans un domaine similaire au vôtre, vous pourriez éventuellement envisager de collaborer avec lui !

Prenez donc bien soin d'analyser les avantages et les inconvénients avant de décider d'autoriser ou non ce paramètre.

Passons à la section suivante. Je suis certain qu'elle devrait vous intéresser parce qu'elle vous permet d'empêcher les spams dans la zone commentaires de vos articles.

Par exemple, si une personne mal intentionnée décidait de s'amuser et d'écrire des propos obscènes, ou bien essayait de rediriger vos lecteurs vers un autre site. Vous pourriez faire en sorte que le commentaire soit automatiquement supprimé ou, simplement mis en attente d'approbation d'un administrateur :

Autrement dit, cette section vous permet de **conserver le contrôle de l'image de votre site** sur Internet. Et je ne vous répéterai jamais assez à quel point cela est important.

Passons désormais à la prochaine série d'options de WordPress concernant les médias.

Médias

N'importe quel site digne de ce nom comporte des images, des vidéos, etc. Sachant que nous voulons tout mettre en œuvre pour que votre site soit le plus professionnel possible, nous allons voir comment vous aussi, vous pourrez incorporer des médias sur votre site.

Cela nécessite bien évidemment le téléchargement d'un grand nombre de fichiers dans votre bibliothèque multimédia.

Vous devez vous dire : « Devoir payer pour des images peut rapidement engendrer de sacrés coûts et peser sur mon budget ! ».

Certes, vous avez raison, mais décider de ne pas les acheter officiellement pourrait coûter encore plus cher (nous parlons de plusieurs milliers d'euros pour des utilisations d'images non autorisées).

Ne vous en faites pas, j'ai la solution. La voici : vous allez partir chercher votre bonheur sur des sites d'images libres de droits tels que Pixabay ou Burst. Pour faire simple, ce sont des sites regroupant un très grand nombre d'images que vous pouvez utiliser librement et sans craindre aucun problème légal.

En d'autres termes, vous allez pouvoir accéder à un catalogue varié d'images et ce, sans débourser le moindre centime !

Revenons à présent à nos moutons : les options Wordpress. Plus bas, vous aurez la possibilité de choisir parmi une variété de tailles d'image par défaut lorsque vous importerez une photographie (pour un article ou une page par exemple).

La réduction de la qualité des images pourrait notamment réduire le temps de chargement de vos pages et ainsi, améliorer l'expérience utilisateur de celle-ci.

Mais ces critères dépendent de vous et de vos objectifs. C'est pourquoi je vous invite à rechercher les meilleurs choix de taille pour vos images en fonction de ce que vous souhaitez réaliser.

Passons à présent à une notion tout aussi importante pour l'expérience utilisateur de votre site : les permaliens.

Permaliens

Pour commencer, il est important de préciser que les

URLs de chacun de vos articles WordPress sont appelés permaliens.

Leur structure peut être modifiée selon le rendu que vous souhaitez obtenir, ce qui peut se révéler judicieux pour votre SEO ainsi que votre référencement naturel.

En effet, si vous avez une URL agréable et simple à lire, cela encouragera d'autres sites Internet ou d'autres comptes sur les réseaux sociaux à mettre en avant votre contenu.

De plus, il est prouvé que les robots des moteurs de recherche, dont le rôle est d'attribuer un score de référencement aux différents sites Web, privilégient les URLs explicites.

En d'autres termes, si une page a pour URL : « *https://monsite.com/blog/?p=5432* », elle sera moins bien référencée qu'une page présentant le même contenu et ayant pour URL :

« https://monsite.com/blog/titre_de_mon_article »

Prenez donc soin de peser le pour et le contre de chaque option, mais gardez en tête que si votre objectif est d'obtenir le plus de visiteurs possibles, alors je vous recommande fortement de sélectionner cette dernière.

Concernant celle qui suit, à savoir : « Structure personnalisée », elle n'est pas vraiment importante. Elle ne présente en effet, une utilité que dans des situations extrêmement précises (par exemple la création d'une page dans le cadre d'un concours) et il est fort probable que vous n'y soyez jamais confronté.

C'est pourquoi je vous propose de passer directement à une partie bien plus intéressante à propos de la partie juridique de votre site Internet.

Confidentialité

C'est le plus récent des paramètres disponibles de

WordPress puisqu'il est apparu dans WordPress 4.9.6. Comme son nom l'indique, cette option va vous aider à créer une politique de confidentialité pour votre site Web.

Le règlement général sur la protection des données (RGPD) veut évoluer sans cesse vers de nouvelles normes pour les propriétaires de sites en termes d'utilisation des données et de confidentialité. Vous allez donc devoir en tenir compte.

Deux possibilités s'offrent alors à vous. Vous pouvez utiliser une page existante ou en créer une nouvelle pour établir une politique de confidentialité.

Que vous choisissiez l'une ou l'autre de ces options importe peu. Dans les deux cas, **vous obtiendrez une page partiellement remplie** que vous pourrez modifier à loisir.

Le contenu par défaut vous aidera à inclure toutes les informations nécessaires pour que vos utilisateurs soient complètement informés et se sentent en sécurité en parcourant votre site. Mais surtout, vous n'aurez rien à vous reprocher d'un point de vue juridique !

Cependant, n'hésitez pas à consulter l'article du WordPress Codex sur le sujet pour obtenir davantage d'informations sur la façon de créer votre propre page de politique de confidentialité.

Maintenant que vous y voyez plus clair à propos de la partie immergée de votre site, il est temps de passer au prochain chapitre. Je suis sûr qu'il vous plaira car, il concerne cette fois-ci, la partie émergée.

ÉTAPE 3
L'installation de votre thème

« *Aux yeux d'un artiste le fond et la forme sont indissolubles* » Jean Dutourd

Ne sommes-nous pas des artistes à notre manière ? La création d'un site Internet ne revient-elle pas à créer une sorte d'œuvre d'art ?

Quoiqu'il en soit, tout comme Jean Dutourd, je pense que **le fond et la forme sont indissociables** et c'est pourquoi nous allons désormais nous attaquer à la forme de votre site.

En quoi consiste un thème ?

Nous l'avons vu, WordPress nous permet de réaliser bien des choses extraordinaires. Et il est donc naturel de pouvoir apporter une touche de design puissant à son site ainsi qu'une touche un peu plus personnelle. Ces deux notions se concrétisent à travers un thème (*template* en anglais).

Vous trouverez des centaines de thèmes gratuits que cela soit dans WordPress lui-même ou sur Internet. Je vous propose de voir ensemble de quelle manière vous allez pouvoir personnaliser votre site Web en fonction de :

➢ Vos goûts

➢ Ceux de vos visiteurs

➢ Votre domaine d'activité

➢ La nature de votre site

Pour commencer, rendez-vous dans la partie « Apparence » puis « Thème » depuis le tableau de bord. Vous aurez alors la possibilité de choisir votre thème préféré parmi des centaines d'options proposées, dont la très grande majorité est gratuite.

Si vous pensez avoir trouvé votre bonheur, mais que certains éléments du modèle vous dérangent, sachez qu'il vous est possible de **personnaliser vous-même votre thème** et de le retravailler pour qu'il convienne encore plus à vos besoins.

Vous pourrez alors modifier les couleurs, les teintes, la disposition des informations, etc. Vous pourrez même aller encore plus loin en modifiant même les éléments du bandeau de votre site, en passant par le pied-de-page et bien plus encore.

Décrire l'ensemble des fonctionnalités que vous auriez sous les yeux dans le cas où vous décidiez de personnaliser votre thème serait assez long, surtout qu'il vous suffit d'un coup d'œil pour les découvrir et les appréhender.

La pratique aura toujours une longueur d'avance sur la théorie. Alors si cela vous intéresse, n'hésitez pas à découvrir par votre propre expérience, toutes les possibilités offertes par cette option.

Si vous ne deviez pas trouver chaussure à votre pied parmi les *templates* proposées par WordPress, il existe un autre moyen de surmonter ce problème. Voyons cela de plus près.

Définir et installer son thème

Par défaut, WordPress vous proposera un thème gratuit, basique et fonctionnel. Mais nous l'avons vu, vous avez la possibilité de le remplacer par l'un des autres thèmes proposés.

Il existe en effet, des sites tels qu'Elegant Theme ou Template Monster vous permettant de trouver des thèmes certes plus variés et plus professionnels, moyennant cependant rémunération. C'est à vous de juger si votre site a besoin d'une *template* professionnelle ou si une plus basique pourrait suffire.

Sans vouloir défendre leurs causes, les plateformes de thèmes payants offrent souvent des options supplémentaires, telles que l'ajout de widgets (extensions pour améliorer votre site Internet sur des points définis) en plus de rendre votre site plus fluide sur tous types de supports (téléphone, tablette, etc.).

Vous pouvez par exemple ajouter des Widgets pour faciliter le renvoi de vos visiteurs sur vos réseaux sociaux, pour créer un formulaire afin de créer une liste d'adresses email, pour réaliser des campagnes de communications et entrer directement en contact avec vos clients, etc.

Quoiqu'il en soit, une fois votre thème choisi, vous devrez le télécharger depuis WordPress ou alors l'importer depuis votre ordinateur (dans le cas où vous l'auriez téléchargé sur une autre plateforme).

Une fois cela effectué, vous n'aurez plus qu'à activer votre thème et voilà ! Vous venez de personnaliser votre site et de peaufiner sa forme.

Cependant, faites attention, il est important de mentionner que, bien que changer de thème ne supprimera pas vos différents contenus, cela pourrait avoir une incidence sur leur mise en forme. Ce n'est pas toujours le cas, mais il vaut mieux en être préalablement conscient.

Autrement dit, vos différentes pages pourraient se retrouver avec des éléments disposés de manière aléatoire, ce que vous voulez bien évidemment éviter.

Comme nous avons traité de la mise en forme, nous allons continuer sur cette voie et directement passer à notre prochain chapitre portant sur les extensions. Elles permettront d'améliorer votre site en tout point, alors, voyons cela dès maintenant !

ÉTAPE 4

Les extensions

« Les détails font la perfection, et la perfection n'est pas un détail » Léonard de Vinci

Comme je vous le disais, les extensions permettent d'ajouter des fonctionnalités à votre site WordPress. Pour ce faire, il suffit de... les installer. Grâce à elles, vous obtiendrez un site d'autant plus personnalisé et répondant encore mieux à vos besoins.

Mais vous le savez très bien, rien n'est parfait et les extensions ne font pas exception à la règle. L'installation d'un trop grand nombre d'extensions pourrait avoir comme conséquence de **ralentir**

l'affichage de vos pages et d'avoir un effet néfaste sur les performances de votre site.

Cela peut être parfois encore plus vicieux, car c'est le code même des extensions que vous installerez qui le ralentira. En effet, pour peu que vos plugins soient mal codés, vous en subirez indirectement les conséquences à travers votre site.

L'enjeu est donc d'être capable d'identifier uniquement les plugins les plus efficaces pour vos besoins. Cela peut se révéler compliqué quand nous savons qu'il en existe plus de 58 000 rien que sur le répertoire officiel de WordPress !

Mais ne vous en faites pas, il y a plusieurs indicateurs pour savoir si un plugin est efficace et de bonne qualité. Voici les points sur lesquels vous devrez être attentifs :

➢ <u>Le nombre d'installations :</u>

Comme n'importe quel autre service ou produit, plus le nombre d'utilisateurs sera élevé, plus le produit sera susceptible d'être de bonne qualité.

➢ <u>La fréquence de mises à jour :</u>

La plupart des extensions gratuites sont réalisées bénévolement. Il est donc probable que vous trouviez des plugins non mis à jour depuis plusieurs années. Ces derniers sont à risques car ils sont laissés à l'abandon.

➢ <u>Les avis des utilisateurs :</u>

Plus une extension a d'avis positifs, mieux ce sera. L'inverse est également vrai !

➤ La compatibilité avec votre version :

WordPress a été créé en 2001. Comme vous vous en doutez, il a reçu depuis de très nombreuses mises à jour depuis lors. C'est pourquoi vous pourrez parfois être confrontés à des problèmes d'incompatibilité avec le plugin souhaité.

Pour vous faciliter la tâche, j'ai sélectionné pour vous cinq extensions utiles pour quasiment tout type de site Internet. Qu'ils concernent la sécurité, la sauvegarde, les performances ou bien encore le SEO, ils sauront vous être utiles. Commençons :

Yoast

Yoast est l'un des plugins les plus téléchargés avec 60 millions de téléchargements chaque année. C'est un incontournable du SEO et du référencement naturel.

Cet outil renferme la plupart des fonctionnalités pour référencer au mieux un site Web et pour optimiser les publications sur un blog en mettant en valeur les mots-clés, les balises, etc.

Une fois installé, il vous signalera au moyen d'un système des trois couleurs (rouge, orange, vert), la qualité de chacun des éléments importants concernant le référencement d'une page Web.

Pour ce faire, rien de plus simple rendez simplement dans :

1. Extensions

2. Ajouter

3. Cherchez « Yoast SEO »

4. Cliquez sur « Installer maintenant »

5. « Activer l'extension »

Un message d'erreur vous indiquera que Yoast requiert votre attention. En effet, vous allez devoir connecter Yoast à votre Google Search Console.

Pour résumer ce dont il s'agit, Google Search Console est un tableau de bord permettant de gérer le SEO et le référencement de votre site Internet.

Cet outil vous permet d'avoir un suivi de toutes les données nécessaire pour faire de votre site Web l'un des premiers résultats affichés par les moteurs de recherche. Pour en apprendre plus, je vous invite à lire le livre que j'ai écrit sur le SEO.

WP Rocket

Passons désormais à une extension de « cache ». Ce type d'extensions accélère le chargement de vos pages Internet ce qui induit leur navigation plus agréable.

Vous devez être conscient que **53% de vos visiteurs quitteront votre page** si cette dernière demande un temps de chargement de plus de trois secondes. Et trois secondes, cela passe vite.

Voici pourquoi je vous recommande vivement l'installation de ce plugin, indépendamment de l'objectif de votre site. Qu'il soit privé ou professionnel, cela ne change pas la donne : personne n'aime attendre sur le Web.

De plus, le plugin a également la particularité de ne pas seulement s'occuper d'améliorer la vitesse de chargement de nos pages. Il peut en effet considérablement modifier la performance globale de votre site.

Voici la liste des quelques avantages que vous en retirerez : chargement différé des images, « lissage » du code de vos autres extensions, simplification d'envoi de données, etc.

Ne vous en faites pas, si vous vous demandez comment vous y prendre, à moins de besoins pointilleux lorsque vous l'installez, sa configuration de base est déjà parfaite et ne devra être modifiées que dans circonstances exceptionnelles : besoins pointilleux, maintenance de votre site, etc.

Son seul défaut réside dans le fait qu'il soit payant. Mais pensez à bien noter que si votre site est orienté e-commerce, votre taux de conversion de visiteurs en clients sera considérablement plus élevé grâce à cet outil, comme le précise de nombreuses études statistiques.

L'installation passe obligatoirement par le site officiel du plugin : https://wp-rocket.me/. L'ensemble du processus vous y est expliqué et c'est pourquoi, nous ne nous attarderons pas sur ce sujet et allons passer à notre prochain plugin qui lui aussi, vous facilitera la vie !

Redirection

Attaquons-nous désormais à quelque chose qui pourrait changer votre vie. Enfin, ce n'est peut-être pas le cas, puisque vous venez de créer votre propre site, mais il se pourrait que vous en ayez besoin tôt ou tard !

Comme son nom l'indique, cette extension permet de façonner des redirections pour vos pages (à partir d'une URL A, renvoyer un visiteur vers une URL B).

En quoi cela pourrait-il vous être utile ? Admettons que vous décidiez de modifier ou de supprimer certains de vos contenus, la structure de vos permaliens en serait également affectée.

Cela aurait pour effet de rendre vos liens non fonctionnels et nuire grandement à la qualité de votre site ainsi qu'à son référencement. Grâce à ce plugin vous n'aurez plus à vous soucier de cela car, sans même avoir à toucher certaines lignes de codes, vous pourrez :

- ➤ Importer ou au contraire, exporter des redirections
- ➤ Créer des groupes par contenus pour les organiser
- ➤ Repérer facilement les erreurs 404 présentes sur votre site
- ➤ Créer un panel varié de redirections

Pour l'installer, suivez simplement la même méthode qu'avec Yoast, cette extension est 100% gratuite ! Voyons dès à présent quelque chose qui n'améliorera pas forcément votre site, mais pourrait pourtant se révéler extrêmement nécessaire : la sécurité.

iThemes Security

Avec plus d'un million d'installations à son actif,

iThemes Security est probablement le plugin numéro un en matière de sécurité sur WordPress.

Sa promesse ? Assurer une sécurité complète pour votre site et l'empêcher de faire partie de la liste des **30 000 nouveaux sites piratés chaque jour**.

Pour ce faire, l'extension a développé plus de 30 options exclusives dans l'unique but de protéger l'ensemble de votre installation WordPress des malwares, des bots, mais également des pirates.

Dans sa version gratuite, vous ne pourrez accéder qu'à la moitié des options, mais rassurez-vous, c'est amplement suffisant pour assurer une sécurité déjà poussée de votre site. Vous aurez par exemple accès à :

➤ La mise à jour régulière des clés secrètes qu'utilise WordPress pour sécuriser votre site

➤ Le blocage à l'accès du site à certaines adresses IP, c'est-à-dire à certains utilisateurs qui pourraient se révéler malveillants.

> Une protection aux attaques DDoS (attaques informatiques cherchant à submerger votre serveur par un très grand nombre de requêtes effectuées simultanément).

Ce plugin est donc un incontournable et vous vous devez de l'installer même si, cela ne devait être que dans sa version gratuite. Il vous permettra d'éviter bien des problèmes ainsi que de grandes pertes de temps et d'argent.

En complément de cette dernière, voyons à présent une autre extension toute aussi importante portant cette fois-ci sur la sauvegarde de votre site.

UpdraftPlus

Nous venons de voir ensemble une extension permettant d'optimiser la sécurité de votre site. Quoi de mieux que de rester en si bon chemin et de nous pencher à présent, sur un plugin permettant la sauvegarde de vos données. Autrement dit, il vous permettra de dormir paisiblement sur vos deux oreilles.

En effet, plus votre site Internet rencontrera du succès, moins vous serez à l'abri de problèmes tels que des piratages, des pannes de serveurs, des bugs lors de mises à jour, etc.

C'est là qu'entre en ligne de compte UpdraftPlus. Vous l'aurez compris, il propose de nombreuses solutions pour sauvegarder l'ensemble des données de votre site afin de pouvoir aisément les restaurer en cas de problèmes.

Que cela soit sur Dropbox, Google Drive ou encore le service Amazon S3, l'extension vous permettra d'enregistrer les éléments que vous souhaitez, là où vous le désirez.

La description de son fonctionnement est assez complexe et c'est pourquoi de nombreux guides lui sont consacrés, tant le nombre de fonctionnalités et d'options présentes est large (synchronisation entre plusieurs sites, sauvegardes automatiques, migration de contenus, etc.).

En ce qui concerne son installation, ce plugin est totalement gratuit alors ne perdez pas une seule seconde de plus et foncez !

Nous venons donc de voir de nombreuses extensions gratuites disposant parfois de fonctionnalités payantes. Veillez à garder en tête que les plugins payants vous apporteront une assistance dédiée pour vous aider à configurer de la meilleure des manières l'extension en question.

En outre, vous aurez accès à des fonctionnalités supplémentaires et des mises à jour régulières exploitant les possibilités des nouvelles versions de WordPress. Il est donc fondamental que vous vous posiez la question suivante :

« Qu'est-ce que je cherche à réaliser avec mon site ? »

C'est en fonction de vos objectifs que vous déterminerez s'il conviendra ou non de mettre la main à votre portefeuille en échange de tous les avantages premiums que vous recevrez en retour.

Quoiqu'il en soit et quel que soit le but de votre site, nous allons à présent nous pencher sur les aspects plus techniques de celui-ci et notamment, sur un outil un peu particulier.

Vous vous demanderez d'ailleurs très vite comment vous avez fait pour vous en passer jusqu'ici…

ÉTAPE 5

L'aspect technique

« La technique la plus parfaite est celle qui ne se remarque pas » Pablo Casals

Dans le présent chapitre, vous allez découvrir les deux éléments principaux que vous allez devoir exploiter afin de faire passer votre site au niveau supérieur. Permettez-moi tout d'abord, de vous poser une question :

Selon vous, qu'est-ce qui permet aux entreprises de jouer dans la « cour des grands » ? C'est-à-dire qu'est-ce qui leur permet de s'étoffer, de paraîtres davantage professionnelles.

L'un des éléments indiscutables est le fait qu'elles ont mis en place un autorépondeur email. Cela peut vous sembler ridicule, mais c'est bel et bien un élément fondamental de leur réussite.

Vous pouvez aisément l'admettre : à l'heure actuelle, c'est un système que l'on trouve sur tous les sites Internet qui se respectent. Nos attentes minimums vis-à-vis d'eux est qu'ils disposent au moins d'une adresse email de contact et qu'ils soient en mesure de nous répondre au plus vite à nos questions.

Si une requête devait rester en suspens plusieurs jours, cela serait dommageable pour l'image de l'entreprise. Tout cela est bien compréhensible car tout va si vite sur le Web, si bien qu'il est devenu normal que cela soit une exigence.

Dans ce cas, comment pouvez-vous vous y prendre pour répondre à ces mêmes attentes présentes chez vos visiteurs potentiels ?

Je vous propose d'identifier la réponse en passant en revue quelques logiciels pour résoudre ce problème, vous faciliter la vie et surtout, donner cet élan de professionnalisme à votre site. Êtes-vous prêts ? Allons-y...

Les autorépondeurs

Pour commencer, nous devons tout d'abord définir la notion de logiciel autorépondeur dans le contexte d'un site Web. Il s'agit non pas de répondre à des appels téléphoniques, mais de donner suite aux emails de nos internautes.

Par exemple, lorsque vous vous inscrivez à une newsletter, vous avez sûrement déjà remarqué que vous receviez un email dans les secondes qui suivent. Ou encore, lorsque vous réalisez des achats en ligne et que vous abandonnez votre panier en chemin, vous êtes presque certains de recevoir un email vous incitant à conclure ces derniers.

Tout cela est rendu possible grâce aux autorépondeurs. Et ils ne se contentent plus uniquement de répondre aux emails que vous envoyez sur un site Internet. Aujourd'hui, ce sont de véritables outils marketing très sophistiqués qui permettent, d'augmenter votre volume de vente.

Vous pouvez en effet les utiliser par exemple pour créer des séquences d'emails afin d'accompagner votre visiteur et lui permettre de découvrir votre univers. Leur fonction principale consiste donc à vous aider à rentabiliser plus facilement et plus rapidement votre site.

Illustrons ce point : si votre site porte sur la pêche, vous pourriez créer une séquence d'emails présentant à vos internautes les bases de cette pratique, quels sont les pièges à éviter lorsque l'on est débutant, etc.

La puissance de ces outils réside donc dans le fait qu'ils vous permettent de bâtir une véritable relation personnelle avec vos visiteurs.

C'est d'ailleurs l'une des étapes initiale de certaines stratégies, dont la mise en place de ce que nous appelons un **entonnoir de vente** :

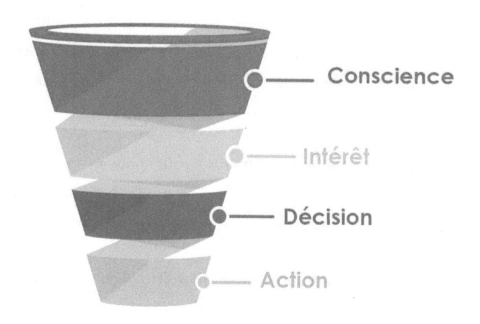

Il s'agit d'**un concept marketing** décrivant les différentes étapes que traverse une personne pour dans la plupart des cas, finir par acheter un produit ou un service. Ce stratagème est puissant et fonctionne dans la plupart des cas s'il a été mis en place correctement.

La personne en question va tout d'abord découvrir l'existence de ce que vous proposez, elle va ensuite être intéressée par ce que vous avez à proposer et se demandera si ce que vous offrez a de la valeur pour elle. Après cette période de réflexion, la personne passera à l'action et sautera sur ce que vous lui proposez.

À travers une série d'emails, vous pouvez en effet, présenter à vos internautes votre site Internet, son histoire, son objectif et même parler un peu de vous.

Au fur et à mesure, vous allez leur faire découvrir votre monde dans le but de les amener à réaliser une action (l'achat de l'un de vos produits, répondre à l'un de vos emails, etc.) et tout cela **de manière fluide et naturelle**.

Voici le moment venu de vous présenter quelques logiciels autorépondeurs afin que vous puissiez sélectionner celui s'accordant le plus à vous ainsi qu'à vos objectifs :

➢ GetResponse :

Ce premier logiciel est pensé et conçu pour être le nouveau fleuron de l'automatisation d'email, il dispose d'une interface professionnelle et aérée des plus agréables.

Entièrement traduit en français, il met à notre disposition le fait de segmenter des groupes de contacts en fonction de leurs centres d'intérêt. Quant à la partie technologie, il fait partie des rares services à disposer d'un taux de délivrabilité de 99% (le nombre de mails arrivant bel et bien à leur destinataire).

➢ Sendinblue :

Cette entreprise a un avantage non négligeable sur la concurrence, en effet, elle est française. Cela facilite grandement les choses lorsque vous débutez parce que le service d'accompagnement est d'autant plus disponible pour vous ce qui représente un énorme avantage.

Son interface n'est pas en reste, puisqu'on y trouve plus d'**une cinquantaine de fonctionnalités** telles que des suivis de campagne, des envois massifs de sms ou encore un éditeur de newsletters ne requérant pas de connaissance en HTML. Le meilleur dans tout cela est que leur service est gratuit jusqu'à 9000 emails/mois et s'accorde avec les plugins WordPress.

➢ LeadFox :

Un outil intuitif, pouvant être facilement mis en ligne par des artisans ou des personnes n'ayant aucune connaissance dans le numérique. En quelques clics, vous pouvez créer notre première campagne avec deux stratégies différentes.

La première : générer et convertir des prospects en clients. La seconde : faire évoluer vos clients existants vers des produits plus couteux afin de booster votre chiffre d'affaires en leur proposant un contenu ciblé.

En d'autres termes, il **permet de mettre en place le processus entier d'entonnoir de vente** que nous venons de voir.

> ➤ MailChimp :

Facilement identifiable grâce à son logo de singe, c'est sans conteste le logiciel le plus répandu. La raison ? Sa simplicité et ses nombreux tutoriels disponibles sur YouTube ou sur des forums spécialisés.

Cet outil fait également partie des incontournables notamment grâce à son intégration facile sur WordPress et sa planification avancée de scénarios (par exemple, si votre internaute fait telle action, alors réaliser telle réaction en retour).

> ➢ MailJet :

L'un des plus intuitifs, proposant des outils très complets et accessibles à tous. L'ensemble proposé à un tarif compétitif.

Le suivi de vos campagnes y est proposé et vous permet de mieux identifier les forces et faiblesses de vos emails.

Il propose aussi de segmenter vos prospects afin d'avoir la possibilité de suivre en temps réel les actions qu'ils réalisent sur votre site après la réception d'un email (par exemple un email leur proposant la lecture d'un de vos article).

Et voilà pour la liste des outils à votre disposition. Il en existe bien sûr d'autres mais les cinq présentés ci-dessus sont idéals pour les débutants.

Je vous propose de passer maintenant à un autre aspect technique nécessaire lors de la création d'un site Internet : la sécurité.

Sécurisez vos arrières

Une partie qui pourrait sembler bien banale après tout ce que nous avons déjà vu ensemble, mais qui, au contraire, reste **un fondamental bien trop souvent oublié**.

Imaginons qu'après le succès de votre premier site Internet, vous décidiez de créer d'autres sites portant sur des thématiques diverses et variées.

Pensez-vous véritablement être capables de sécuriser chacun d'entre eux ainsi que tous les éléments qu'ils comportent (comptes liés aux extensions, mots de passes WordPress, etc.) ?

La création d'un site Web professionnel passe avant tout par le fait d'être capable de le sécuriser des erreurs humaines telles que les mots de passe trop faibles ou encore, le piratage du compte administrateur.

Afin d'assurer la sécurité de vos créations et plus généralement de toutes vos données sur le Web, je vous propose l'utilisation d'une application totalement gratuite, reconnue par plus de **20 000** entreprises ainsi que par **15** millions d'utilisateurs : <u>Dashlane.</u>

Elle permet de :

➢ Gagner en efficacité grâce à un système de déverrouillage de tous vos mots de passe via un mot de passe maître.

➤ Naviguer sur Internet et nos sites favoris sans avoir besoin de retenir les différents mots de passe pour y accéder. C'est l'outil qui s'en chargera, cela vous permettra de créer des mots de passe complexes sans craindre de ne plus vous en souvenir.

➤ Repérer si votre mot de passe a été mentionné **sur Internet ou sur le dark Web** (il s'agit de ma fonctionnalité favorite) et, le cas échéant, vous alerter.

Autrement dit, elle permet de **vous libérer l'esprit** afin que vous puissiez vous concentrer sur les choses qui comptent réellement : faire de votre site un succès !

Bien, à présent que nous avons mis au clair ces deux aspects permettant à votre site Internet de lui donner cet aspect professionnel qu'ont tous les sites des grandes entreprises, nous allons pouvoir passer à notre prochain chapitre.

Celui-ci traite de l'essence même de ce qui sépare les sites Web amateurs des sites à succès et qui réussissent à tous les coups. Je veux bien sûr parler des blogs.

ÉTAPE 6
Les blogs

« *Il n'y a pas de héros sans auditoire* » André Malraux

Le blog, une simple partie de votre site sur laquelle vous postez des articles pour parler de divers sujets qui vous passionnent ou pour lesquels vous avez une expertise.

Pourquoi est-ce autant nécessaire ? Pourquoi en parler dès lors que nous abordons le succès de tel ou tel site Internet ? Vous allez découvrir dans ce chapitre les éléments de réponse à toutes ces questions.

Il faut tout d'abord rappeler à quel point le SEO et le référencement naturel jouent un rôle essentiel pour votre site. Nous avons vu dans le premier chapitre que votre classement dans les moteurs de recherche est déterminé par ces deux variables.

Or chaque jour dans le monde, ce sont presque **3,5 milliards de requêtes** qui sont effectuées dans le monde et uniquement sur Google. Ce sont autant de potentiels visiteurs pour votre site qui n'attendent qu'une seule chose : le découvrir.

Pour leur offrir cette opportunité, vous vous devez de soigner votre score de référencement. Vous devriez l'avoir compris désormais : la rédaction d'articles de blogs est **la stratégie la plus efficace** pour atteindre cet objectif.

Petit bonus pour votre quête de réussite : pensez à vos propres expériences et à la manière dont vous découvrez un site Web. Bien souvent, c'est à travers un simple article qui parlait de quelque chose qui vous intéressait à ce moment-là.

Un blog peut donc se comparer à **une collection d'appâts** permettant d'attirer l'attention de potentiels visiteurs afin de leur donner envie de visiter le site Internet fantastique qui se cache derrière.

Je vous propose de découvrir dans ce chapitre toutes les étapes pour créer une série d'articles qui propulseront votre site dans les hauteurs du classement des moteurs de recherche.

Créer ses catégories

Avant de commencer la rédaction, vous allez devoir définir les thèmes que couvrira votre blog. Cela peut aller de la photographie à la cuisine en passant par l'astrologie. Ne vous posez surtout pas de limites à ce stade.

Je vous recommande toutefois de vous pencher uniquement sur **un thème général**. Et à partir de celui-ci, de définir un ensemble de sous-catégories Par exemple, prenons pour thème général le sport. Les différentes catégories sous-jacentes pourraient être le basketball, la natation, les sports automobiles, etc.

L'idée est de définir le cœur de votre site, son essence sur laquelle vous allez pouvoir bâtir tout le reste afin d'atteindre la plus grande audience possible. Gardez en tête l'image selon laquelle, vos articles de blogs ne sont que des hameçons que vous lancez dans l'océan gigantesque que représentent les moteurs de recherches.

Ce n'est que de cette manière que vos visiteurs pourront trouver immédiatement ce qui les intéresse. Une fois cette tâche accomplie, plus rien ne vous empêche de créer autant de nouvelles catégories que vous le souhaitez !

Pour des raisons de référencement et de clarté, veillez à bien garder l'identifiant de ces catégories aussi court que possible à la manière des titres de vos articles. Mais cela c'est une autre histoire que nous allons aborder dès à présent.

Avant de commencer : la rédaction

Démarrons par la règle fondamentale : **lorsque vous écrivez un article sur votre blog, vous devez sélectionner un mot-clé et vous y tenir**. C'est la règle d'or du SEO. Pour l'expliquer simplement, chacun de vos articles doit être construit autour d'un seul et unique mot-clé.

Ce que vous recherchez par cette manœuvre, c'est apparaître en première position des résultats des moteurs de recherche. Lorsqu'un internaute recherchera votre mot-clé, votre article sera ainsi le premier sur lequel il tombera.

Pour illustrer, vous pouvez écrire un article autour du thème du nettoyage de sa boîte email ou encore sur la façon d'organiser un séjour au camping.

Si le SEO et le référencement naturel vous intéressent, je ne peux que vous recommander d'aller plus loin et de découvrir mon livre qui leur est consacré *3 Mois pour devenir n°1 : L'introduction ultime au référencement naturel et au SEO.* Mais pour le moment, revenons à nos moutons.

Vous êtes désormais prêts à travailler sur votre premier article. Pour ce faire, veuillez-vous rendre une fois de plus sur « Articles » dans le menu de gauche, puis cliquer sur « Ajouter ». Une page comportant de nombreux champs va alors s'afficher :

L'éditeur de texte de WordPress est la première chose qui s'affichera. Vous trouverez également deux petits onglets sous l'image indiquant « Visuel » et « Texte ».

L'onglet « Visuel » ouvre un éditeur de texte ressemblant à celui du logiciel Microsoft Word et qui contient les fonctionnalités essentielles pour rédiger un bel article.

Vous pouvez d'ailleurs insérer et mettre en forme votre contenu à partir de cet éditeur. Si cependant, vous souhaitez avoir une interface plus sobre, appuyez sur l'option « Mode d'écriture sans distraction »

Le deuxième onglet (« Texte »), vous permet d'insérer du contenu depuis le format HTML. Bien que l'éditeur soit plus petit et dispose de moins de fonctionnalités, il permet aux experts en codage HTML de produire un contenu dont la mise en forme pourra être encore plus poussée.

Nous partirons du constat que vous ne maitrisez probablement pas le langage HTML. Nous utiliserons donc la section « Visuel » pour produire notre article WordPress.

Rédiger votre premier article

Tout d'abord, vous allez commencer par choisir le sujet de l'article afin de le développer en quelques paragraphes. **La longueur idéale est d'environ 1600 mots.**

Cela devrait être un jeu d'enfant et une partie de plaisir si vous traitez d'un sujet qui vous passionne : **les mots viendront à vous sans que vous ayez à forcer.** Si l'inspiration devait cependant vous manquer, n'oubliez pas que vous pouvez toujours vous inspirer de la concurrence.

Une fois la rédaction terminée viendra l'optimisation de la mise en page de votre article. Commençons par le titre. Nous avons vu précédemment l'importance du choix du titre pour le SEO. Mais comment s'y prendre ?

Rien de plus simple. Une fois la rédaction de l'article achevée, posez-vous tout simplement la question suivante : « **Quelle est l'interrogation à laquelle je réponds dans cet article ?** ».

Cette technique est vraiment efficace parce que bien souvent, lorsque nous avons un problème, un doute ou une interrogation, nous le tapons tout simplement dans notre moteur de recherche comme par exemple :

> Comment partir en camping ?

> Pourquoi mes emails atterrissent dans les spams ?

> Comment faire de la publicité Google ?

Grâce à cette méthode, je peux vous assurer que vous trouverez un titre pour votre article à la fois accrocheur et optimisé pour son référencement naturel. Et cela, peu importe le sujet de votre article.

Une fois celui-ci défini, nous allons passer à la mise en page. C'est une étape nécessaire pour faire faire passer votre article au niveau supérieur et **atteindre l'excellence**.

Une mise en page professionnelle va faire **ressortir les informations et idées fondamentales** de vos propos. Pour ce faire, vous allez utiliser l'éditeur à votre disposition pour mettre certains mots en gras, en italique ou encore réaliser des listes à « puces ».

Comme vous vous en doutez, la composante esthétique est très importante : la mise en page de votre contenu n'est pas une fin en soi. Un bloc de texte dépourvu d'éléments visuels va forcément rebuter certains lecteurs.

Je vous conseille donc d'accompagner votre texte de photographies car celles-ci permettent d'aérer le contenu. Cela permettra également d'**améliorer votre référencement** (il est même possible d'apparaître dans Google Image) !

Pour ajouter une image, il suffit de cliquer à l'endroit où vous souhaitez l'insérer. Ensuite, il vous faudra sélectionner « Ajouter un média » dans le menu déroulant. Une nouvelle fenêtre s'ouvrira alors.

Elle vous propose plusieurs choix : utiliser la bibliothèque ou télécharger un fichier. Il est bon de rappeler que la bibliothèque regroupe l'ensemble des illustrations que vous avez déjà téléchargées sur WordPress.

Si vous souhaitez réutiliser des photographies dans plusieurs articles, cette option pourra se révéler intéressante. Pour le moment, votre bibliothèque devrait être vide, commençons par la remplir.

Vous allez donc sélectionner « Envoyer des fichiers » ou « Télécharger des fichiers » dans le menu déroulant. Ensuite, veuillez suivre les étapes et sélectionner les photographies que vous souhaitez importer (il est possible d'en sélectionner plusieurs à la fois).

Dans le cas où vous ne sauriez pas comment trouver des images pour illustrer vos articles, rappelez-vous du deuxième chapitre. Il existe de nombreux sites répertoriant des milliers d'images libres de droits. Voici les plus populaires :

> Pixabay

- ➤ Burst

- ➤ Pexels

- ➤ Unsplash

Lorsque vous importerez une image, WordPress vous proposera de remplir de nombreux champs. Ils ne doivent pas être négligés car ils auront un impact positif sur votre référencement et montreront aux robots des moteurs de recherche la pertinence des images de votre article.

Les champs « Alt » et « Titre » de l'image sont respectivement le premier et le troisième emplacement vous permettant d'indiquer le titre de l'image. Le deuxième champ, quant à lui, sera celui qui s'affichera directement sous l'image dans votre article (il constitue la légende de l'image).

Parachevez ce beau travail en ajoutant une catégorie à votre article. Nous avons vu ce point plus haut, en début de chapitre, afin de diviser votre site en plusieurs sections. Le moment est venu de les utiliser !

Vous trouverez un widget sur le côté droit. Il contient l'ensemble des catégories que vous aurez définies auparavant. Il est possible d'en sélectionner plusieurs mais ne vous faites pas avoir ! Je vous le déconseille parce que cela aurait pour conséquence de provoquer un malus pour votre référencement naturel. Il est préférable de n'**en choisir qu'une seule**.

Les backstages de vos articles

Vous avez maintenant un bel article entre les mains, prêt à être publié. Voyons ensemble comment réaliser quelques derniers ajustements pour **améliorer l'expérience de votre visiteur**.

Connaissez-vous le concept d' « étiquette » ? Ce système a été mis en place par WordPress il y a quelques années afin d'aider les créateurs d'articles. Une « étiquette » permet d'attribuer un ou plusieurs mots-clés distinctifs à votre contenu.

Ce dispositif permet de faciliter l'identification de votre contenu par les robots d'indexation des moteurs de recherche, mais il vous facilite également la tâche. Grâce à l'ajout d' « étiquettes », vous pourrez mieux organiser votre blog lorsqu'il commencera à héberger de nombreux d'articles.

Pour créer vos « étiquettes », il existe deux solutions : vous pouvez soit passer par le tableau de bord ou alors préférer la solution simple et jeter un œil dans le widget à droite de l'éditeur de texte. Vous n'aurez ensuite qu'à entrer vos mots-clés et à les séparer par une virgule pour que le tour soit joué !

Voyons à présent de quelle manière mettre une image « à la une ». Ce type d'image est très important lors de la création d'un article dans WordPress car c'est généralement la première chose que verra votre visiteur en atterrissant sur votre site Web.

En effet, comme nous l'avons vu dans les premiers chapitres, WordPress vous permet d'avoir une page de présentation pour votre blog. Sur celle-ci vous pouvez y insérer une courte présentation des thématiques traitées dans votre site, mais elle permet surtout d'**exposer vos articles et de donner envie à vos internautes de les lire**.

Une fois que vous aurez choisi la photographie parfaite pour représenter votre article de la meilleure des façons, rendez-vous dans le widget « Image » situé à droite, sous le widget des « étiquettes ».

Choisissez simplement l'option « Placer une image en haut de la page » dans le menu déroulant. Lorsque vous ajouterez une image à un article, une nouvelle fenêtre apparaîtra et vous n'aurez qu'à sélectionner l'image désirée.

Cette fois-ci, c'est vraiment fini ! Votre article est prêt à être publié et il est temps de le partager avec le reste du monde. Juste avant cela, je vous recommande de consulter le bouton de prévisualisation (toujours sur la droite de l'éditeur de texte) pour avoir un aperçu exact de votre futur article lorsqu'il sera en ligne.

Vous avez maintenant deux options : soit vous publiez votre article immédiatement et il apparaîtra dans le flux des articles les plus récents, soit vous le planifiez pour une publication à une date et une heure ultérieures.

Cette fonctionnalité est particulièrement intéressante surtout si vous n'avez pas forcément le temps d'écrire des articles régulièrement. Je vous conseille d'ailleurs d'exploiter cette option sans modération !

Vous pourrez, par exemple, écrire plusieurs articles le premier week-end du mois et, au lieu de les télécharger tous en même temps, choisir d'en publier deux par semaines pour **tenir vos lecteurs en haleine.**

Conclusion

Bien, à présent nous avons vu comment créer votre compte WordPress, acquérir un nom de domaine, configurer les options de votre site, installer un thème, ajouter des extensions, créer un blog pour favoriser son référencement et bien d'autres choses.

Pour faire court, nous avons vu ensemble toutes les étapes clés pour obtenir un site fonctionnel de A à Z. Nous pouvons donc affirmer que nous avons atteint notre objectif ! Et vous pouvez d'ores et déjà passer à autre chose, à moins que…

En réalité, vous n'êtes qu'au tout début de votre aventure, de votre voyage. Créer un site Internet représente un pas de géant dans la bonne direction, mais cela n'est probablement qu'une petite étape dans la réalisation de votre but ultime.

Nous avons tous des rêves différents : devenir libres financièrement, venir en aide aux autres, partager nos passions, j'en passe et des meilleurs. Mais il nous faut garder en tête que, même si nos rêves sont différents de ceux des autres, ils nous rassemblent.

C'est ainsi que s'est formée la communauté No Limits. Un groupement de tous les types de profils dont le dénominateur commun est le suivant : pouvoir affirmer « je l'ai fait ».

Je vous propose donc si vous le souhaitez, et surtout, si vous êtes véritablement décidé à faire de votre quotidien l'expression de vos rêves les plus fous, de rejoindre une communauté d'hommes et de femmes qui, comme vous, souhaitent atteindre les buts qu'ils se sont fixés. En particulier, ceux qu'ils n'auraient jamais osé espérer.

N'attendez pas une seule seconde de plus et rejoignez le mouvement. Nous vous attendons de l'autre côté.

Rendez-vous sur https://go.nolimits-inc.com/96

Qu'en avez-vous pensé ?

Vous êtes encore là ? Tant mieux je souhaitais vous demander un petit service. Je commencerais par vous faire une confidence : être auteur à notre époque est très difficile. Ou plus précisément, c'est le fait de partager un ouvrage qui est très difficile.

Par conséquent, si vous avez trouvé ce livre utile pour vous et que vous pensez qu'il peut aider d'autres personnes: Merci de prendre quelques minutes pour laisser un commentaire positif sur la page où vous l'avez acheté.

Cependant, si au contraire vous n'avez pas apprécié cet ouvrage merci de m'envoyer un mail à l'adresse : ebook@nolimits-inc.com.

Vous pourrez alors m'indiquer directement quelles sont les choses que vous n'avez pas aimées et surtout comment améliorer le contenu de ce livre. En échange de cela, je vous rembourserai personnellement votre achat.

Je place ma confiance en vous et vous remercie d'avance du fond du cœur pour votre aide bienveillante.

Remerciements

Un grand merci à la liste des personnes suivantes qui ont contribuées directement à la qualité de ce livre :

Yohan Chevalier pour avoir dirigé sa création ainsi que sa publication

Kenzo P

Hi-Tek

Sremy

Yolan A

Bastien S

Martiel E

Cyprien D

Reb Klim

C&G

Rab-Beat

Un grand merci également à Themeisle, Numelion et WPMarmite pour leurs contenus de qualité irréprochable ayant parfois servi d'appui.